SOCIOLOGIE

PROFESSEUR MARIO CARRARA

PROFESSEUR DE MÉDECINE LÉGALE À L'UNIVERSITÉ DE TURIN

INFLUENCE DE LA BIOLOGIE

SUR LA

LÉGISLATION

(Discours d'ouverture de l'année académique
à l'Université de Turin)

EXTRAIT DE LA REVUE
DE DROIT PÉNAL ET DE CRIMINOLOGIE
AVRIL 1926

INFLUENCE DE LA BIOLOGIE SUR
LA LÉGISLATION

Il est aisé de constater que la législation a de nombreux rapports avec les conditions individuelles de nature biologique et médicale : le sexe, l'âge, l'état mental, le caractère, les tendances, les diverses formes de dommages physiques, etc. C'est, en effet, surtout pendant les deux derniers siècles, que cette législation s'est constituée dans sa forme actuelle, sous l'influence des sciences naturelles et, parmi elles, la médecine et la biologie ont atteint un tel développement doctrinal qu'elles ont exercé (par voie réflexe comme il a été dit) une influence «plasmatrice» sur la vie sociale toute entière.

Il convient d'observer cependant que, même dans les grands systèmes législatifs de l'antiquité, on peut facilement retrouver un contenu biologique en ce sens que, fût-ce dans les plus simples et plus anciennes formules législatives, il a fallu tenir compte des conditions particulières, notamment des conditions biologiques individuelles. Cela se produisit par « génération spontanée », c'est-à-dire par l'effet d'une nécessité pratique, indépendamment de toute influence doctrinale préconçue, bien avant que les doctrines « physiques » offrissent aux législateurs des notions régulièrement systématisées.

En premier lieu, on fit des lois qui étaient destinées à combattre la criminalité et à créer spontanément des formes d'adaptation ingénieuses bien que rudimentaires aux diverses conditions de la personnalité humaine, soit normales, soit pathologiques, de sorte que l'on peut affirmer que le critère moderne du jugement pénal que nous appelons « anthropo-

---

(1). — Discours prononcé à l'*Aula Magna* de l'Université royale de Turin, le 1er décembre 1924.

logique » parce qu'il tend à adapter le traitement pénal aux différentes individualités humaines, plutôt qu'aux diverses espèces de crimes, est l'aboutissement d'une très longue tradition. De cette tradition je crois intéressant de montrer rapidement, et en une sorte de résumé, les lointains vestiges, ne fût-ce qu'avec des indications partielles, fragmentaires, empiriques et quelquefois même contradictoires. C'est une page de la longue et glorieuse épopée de la lutte de la pensée que l'humanité a menée sans paix, sans trève, sans armistice, mais non pas sans qu'il y eût des victimes, et sans qu'il en résultât des douleurs, contre le mal qui guette la vie humaine et contre le mystère qui la rend angoissante et perplexe.

Il importe dans cette recherche rétrospective de se méfier avant tout de cette sorte d'automorphisme, contre lequel Spencer nous mettait en garde et qui nous conduit à prêter aux peuples anciens les idées modernes. Pourtant quand on lit dans Platon que la « criminalité est involontaire et subordonnée à des conditions physiques anormales » et que « la malveillance n'est due qu'à une mauvaise disposition du corps », il ne paraît pas possible de ne pas rattacher aux doctrines les plus récentes et les plus hardies cette ancienne idée juridique, concept divinatoire, à la fois philosophique et « naturalistique » de la criminalité.

D'ailleurs les lois les plus archaïques du Code hindou de Manou laissaient aux juges la libre appréciation des diverses conditions individuelles, des « facultés personnelles » du coupable. A la vérité, par là on n'entendait pas autre chose que les privilèges de caste, mais ils correspondaient à de vraies conditions psychologiques, telles que la légitimité de la défense personnelle.

Un bon critère anthropologique inspirait aussi les limitations imposées, par des lois codifiées, à la capacité de témoigner, à savoir (chose ignorée par nos codes modernes) : limitation pour les vieillards à cause de leur débilité; pour les jeunes étudiants (il s'agit naturellement des étudiants hindous !...) à cause de la légèreté de leur caractère; pour les amoureux, parce qu'ils n'ont plus le calme et le pouvoir de réflexion nécessaires; pour les affamés et les indigents, parce que la misère les exaspère ou, (qui s'y attendrait ?) les expose à être facilement corrompus.

Les femmes ne sont admises à témoigner que dans les procès contre les femmes (effet de psychologie masculine sans doute ?) Et, chose plus intéressante encore, le Code de Manou signale aussi aux juges certains indices extérieurs pour reconnaître et évaluer la vérité des témoignages : le ton et la fermeté de la voix, les changements de couleur du visage, le regard incertain ou franc, les gestes, l'attitude générale, en somme de nombreuses caractéristiques qui anticipent de plusieurs siècles sur ce que nous appelons la psychologie du témoignage.

Dans les lois égyptiennes, les dispositions pénales qui nous ont été révélées, pour la plupart, par la lecture relativement récente des papyrus, comminent, ainsi qu'il en est souvent dans ces législations primitives, avec une grande facilité, la peine capitale ; mais pour éviter au condamné les horreurs de la mort, on lui donnait pendant la dernière heure un breuvage enivrant : « il consolo » dit d'Annunzio d'un breuvage dont il nous parle à propos d'une coutume semblable existant dans les Abruzzes. Mais la peine de mort, à notre époque, affectait le caractère d'un moyen d'expiation, car des « peines spécifiques, ayant un certain rapport avec le délit, étaient prévues : la mutilation de la langue pour les espions, du nez pour les adultères, et pour les calomniateurs la même peine que celle qui aurait atteint la victime. Ces peines spécifiques avaient donc un caractère à la fois thérapeutique et préventif. Dante a amplement appliqué ce système punitif dans son « contrapasso », c'est-à-dire la « contre-douleur ».

Dans les livres hébreux dénommés livres de Moïse et précisément celui dénommé *Le Grand Livre du Pacte* on trouve une spécification des crimes envisagés selon le critère biologique. « Si des hommes sont en litige » est-il dit dans l'*Exode*, « et que l'un frappe l'autre avec une pierre ou le poing, et que l'homme frappé ne meurt pas, mais doit se mettre au lit, s'il se relève et peut marcher appuyé sur un bâton, celui qui l'a frappé sera absous ». La loi vise spécialement les blessures faites au cours d'une rixe, et considère cette circonstance comme atténuante. Cela est d'autant plus remarquable que l'on était à une époque où l'on accordait la plus grande importance à l'élément objectif du délit, et non à l'élément « personnel » du coupable.

Et encore : « Si quelqu'un frappe son esclave avec le bâton

et que l'esclave meurt entre ses mains, le maître doit être puni ; mais si l'esclave survit un jour ou deux, le maître ne sera pas puni, parce que l'esclave est considéré comme sa propriété. » Et les commentateurs (Luzzi page 212) expliquent la chose : si l'esclave survit un jour ou deux, il est à présumer que le patron n'avait pas l'intention de le tuer, mais seulement de le punir. Cette présomption est admissible seulement dans le cas où l'esclave est frappé du bâton, qui était, dirons-nous, un instrument de correction, tandis que si le maître se sert d'une autre arme « propre » à tuer, il sera puni si la blessure occasionnée dure plus de deux jours.

Intéressante aussi au point de vue médical, en raison de son caractère psychologique, la distinction que fait le *Deutéronome* entre la violence qu'une jeune fille fiancée subit en ville ou à la campagne ; dans ce dernier cas la peine (peine de mort naturellement) frappe seulement l'homme, parce que la jeune fille même en criant n'aurait pu appeler au secours pour être sauvée, tandis qu'en ville il est à présumer qu'elle n'a pas crié et par conséquent était consentante, c'est pourquoi elle est condamnée, elle aussi, à la lapidation.

Si la fille n'est pas fiancée, l'homme n'est pas condamné, ou, si l'on admet que c'est une condamnation, n'est condamné qu'à l'épouser !

D'autres distinctions d'intérêt médical sont faites pour les cas d'homicides, selon que l'instrument du crime est le fer, la pierre ou le bois, et selon que le coup a été porté sous une impulsion ou avec préméditation, ou en un guet-apens ou par inimité.

Par nécessité, le juge appelé à apprécier les circonstances de nature et de compétence médicales, était, chez les Hébreux, obligé de posséder, outre des connaissances de magie, d'astronomie, de mathématique (certains rabbins exigeaient qu'il connût jusqu'à 70 langues), même des notions élémentaires d'ordre médical.

Contrairement à tout critère inspiré de la nature, il y avait une disposition qui interdisait à tout homme difforme de s'approcher de l'autel pour offrir le pain de son Dieu ; ni l'aveugle, ni le boiteux, ni celui qui avait une difformité quelconque, ou une fracture du pied ou de la main, ni le bossu, ni le nain, ni celui qui avait une tache dans l'œil, ou qui souffrait de la gale ou d'un herpès ne devaient profaner les lieux saints. Telle répugnance à la difformité « *Cave ne signatis* » comme dit, encore aujourd'hui, l'Eglise) devait provenir d'une primitive superstition qui présentait cette anomalie physique comme un signe de la colère, une sorte de stigmate de dégradation imposée par la Divinité créatrice, et pour cette raison, les difformes devaient être comme isolés de la société humaine par un sentiment d'hostilité et de défiance.

Nous ne savons pas grand' chose du droit des anciens Grecs, et,ce que nous savons nous le reconstituons d'après des témoignages plus récents, ceux des philosophes, surtout d'après les discours des poètes et des grands orateurs. Ce qui reste, avant tout, ce sont les grandes lignes de l'édifice : les raisons de punir étaient recherchées avec une minutieuse profondeur et une grande pénétration philosophique ; la liberté de la volonté était affirmée et partant, la responsabilité individuelle ; la peine devait être menaçante et impressionnante pour être utile.

C'est à peine, toutefois, si l'on peut recueillir quelques traces d'un lointain intérêt biologique; la loi concédait une certaine protection aux personnes faibles, aux femmes, aux enfants, aux filles, aux orphelins et, avec une sage expérience pratique, aux riches héritières.

On punissait le séducteur plus sévèrement que celui qui violait une femme, car celui-là corrompait l'âme, et celui-ci n'offensait que le corps.

Sagement on excluait de la Tribune publique ceux qui avaient dissipé leur patrimoine privé, « car on estimait qu'un même individu ne peut être à la fois vicieux chez lui et bon conseiller du peuple.» Un critère anthropologique trop souvent oublié de nos jours !

Dans le droit romain, on relève de plus nombreuses dispositions médicales et psychologiques que chez les autres peuples ; de plus elles sont mieux systématisées, dans le merveilleux organisme juridique qui, aujourd'hui encore, éclaire de sa lumière immortelle le monde entier :

> « E tutto che al mondo è civile,
> Grande, augusto, egli è romano ancora »

On ne peut qu'admirer la construction intellectuelle qu'est cette œuvre immense pleine de génie et de puissance.

Déjà les Lois des Douze tables avaient énoncé la conception médicale des lésions personnelles dénommées « os fractum » et « membrum ruptum ». On punissait les lésions par mutilation en vue de se soustraire à l'obligation de la milice, et on étendait la conception des lésions aux dommages psychiques : « Quid refert » dit Quintilien « animo noceat aliquid an corpori ? ».

Le droit romain a envisagé dans ces arguments médicaux des questions plus complexes, et débattues aujourd'hui encore, par exemple les rapports de concausalité ou questions de pathogénèse. Ainsi en est-il dans le cas formulé par Labeon d'un esclave déjà malade et faible qui meurt après avoir reçu un coups pourtant peu grave en lui-même, qu'on traite, du moins sous les rapports civils de « occiso » parce que la faiblesse et la vieillesse étaient considérées comme conditions inhérentes à l'acte. Mais si le serf meurt parce que la blessure a été mal soignée, intervient alors une autre cause de mort à savoir l'impéritie du médecin, cause indépendante de l'acte de celui qui a blessé et par conséquent il s'agit, non pas d' « occiso » mais de « vulnerato » ou mieux de simple blessure.

Sans doute ces cas sont imaginés en vue d'illustrer des thèses purement juridiques et civiles sur le crime mais ils ont toutefois un contenu essentiellement médical et plus largement biologique : ainsi à propos de l'esclave mort des suites de blessures, mais qui était déjà malade ou débile, le grand juriste Labeone observe justement que « Aliud ali mortiferum esse solet », c'est-à-dire que toute offense a une issue différente suivant la personne qui la reçoit ; et il met ainsi en rapport l'importance de la blessure avec la constitution physique et, comme on dirait aujourd'hui, avec les conditions préexistantes chez la victime.

On reconnaissait la nécessité de recourir à un examen technique pour préciser la nature de l'arme employée : ainsi non seulement le poison devait être distingué des autres moyens meurtriers mais dans les crimes accomplis par plusieurs personnes, on devait distinguer celui qui immobilisa la victime, ceux des agresseurs qui donnèrent les coups, et parmi ces agresseurs celui qui donna le coup mortel.

Le droit romain qui donnait toujours une importance supérieure à l'évaluation de l'élément directeur du crime, dans l'époque plus avancée de Rome, tenait compte même des circonstances qui accompagnaient l'acte, et particulièrement de l'aliénation mentale en distinguant le « furiosus » et le « mente captus » qui étaient exemptés des peines ; on recherchait encore quelle avait été l'atitude du coupable, avant et après le fait, et quels avaient été ses antécédents « Habetur ratio et ante actæ vitæ » (Dig. L. 2 49-16) et on tenait compte aussi des intervalles lucides.

Concernant le sexe, on reconnaissait une hiérarchie spirituelle entre l'homme et la femme. Les femmes étaient soumises à un traitement différent, c'est-à-dire à la juridiction domestique ; plus tard on leur concéda une mitigation de peine « cognitio extra ordinem ». Les Lois des Douze Tables envisageaient même une distinction entre les pubères et les impubères, ces derniers n'étaient pas l'objet d'une peine au sens propre du mot mais simplement châtiés. Plus tard, ces distinctions firent l'objet de discussions entre jurisconsultes, discussions intéressantes dans leurs rapports psychologiques.

L'Ecole des Sabiniani et celle des Proculciani discutaient au sujet de la modalité qui permettait de reconnaître l'époque de la puberté.

Dans l'ancien Droit romain, le « paterfamilias » faisait l'inspection corporelle de l'adolescent « inspectiocorporis » et prononçait son jugement : la femme portait alors une tunique longue et le garçon changaient la « toga prætexta » pour la toge virile. Mais, par raison de pudeur, ou parce que la constatation familière donnait lieu à des fraudes faciles, on y substitua un âge fixe que Justinien établit à 14 ans, âge auquel la puberté devait être considérée comme atteinte. L'école des Proculciani favorisa la fixation à 14 ans de l'âge de la puberté, abolissant l'inspection corporelle ; l'école des Sabiniani préférait conserver l'ancien usage, et cette école, par l'effet de l'imagination aventureuse d'un romaniste allemand, Kuntze, s'est vue attribuer le mérite d'un « naturalisme » qu'il opposait à l'idéalisme des Proculeiani. Dénomination plutôt excessive, soit par rapport à l'époque, soit en raison de la faiblesse l'argument. Mais pourtant cet épisode doctrinal a de l'importance parce qu'il oppose une conception biologique rudimentaire et naturalistique à une simple présomption juridique. Cette opposition est d'autant plus digne de remarque qu'elle se reproduit avec une signification analogue dans d'autres cas : par exemple en ce qui concerne la façon de déterminer si le nouveau-né avait vécu ; les Proculeiani demandant que le

nouveau-né ait crié, les Sabiniani plus « naturalistiques »
exigeant d'autres preuves de la vie. Justinien leur donnait
raison en disant que n'importe quel signe de la vie suffisait
quand le nouveau-né « vivus ad orbem totus processit ».
De toute manière, il est curieux et signicatif que semblable
discussion de caractère médical ait eu lieu entre juristes.

Mais, en dépit de ces nombreux indices, dans les lois romai-
nes, de considérations d'un caractère médical typique, en
dépit de la répercussion qu'ils eurent sur les doctrines juridiques, on ne peut pas dire qu'il y eût à Rome une évolution
médicale adéquate, appropriée.

Il n'y eût pas, à Rome, de branche de la médecine pour
s'emparer de ces dispositions légales qui cependant se réfèrent
à elle, pour illustrer la doctrine et pour la mettre en rapport
direct avec la réalité des faits, en d'autres termes pour faire
œuvre d'illustration et d'application médico-légales. Ce fut une
activité médicale limitée et modeste qui ne laissa pas de traces.

On cite toujours le jugement d'Antistius, lequel aurait
déclarée mortelle une seule des vingt-trois blessures reçues
par César, à savoir la seconde blessure portée à la poitrine.
Mais ce fut là un pur diagnostic médical dont la valeur
et l'exactitude n'avaient pas de rapport avec le droit dans
son application judiciaire. Ce serait comme si on voyait
une conclusion d'expert dans les belles paroles d'Antoine,
paroles dont se sert Shakespeare pour décrire et individualiser,
de façon poétique, les trois blessures, dues respectivement,
l'une à Cassius, l'autre à l'envieux Casca, la troisième au féroce
Brutus.

« Regardez : à cet endroit il a été traversé par le poignard de
» Cassius. Voyez quelle large déchirure y a fait le haineux
» Casca ! C'est à travers celle-ci que le bien-aimé Brutus a poi-
» gnardé César ; et lorsqu'il retira son détestable fer, voyez
» jusqu'où le sang de César l'a suivi, se précipitant au dehors
» comme pour s'assurer si c'était bien Brutus qui frappait si
» cruellement ! »   (*Jules César*, III, sc. 2.)

Peut-être, seulement, dans les cas très fréquents à Rome
d'empoisonnement, faisait-on quelques recherches techniques
démonstratives qui tenaient compte plus que d'autres choses,
des symptômes cliniques d'empoisonnement, abandonnant
cette croyance erronée que le cœur des morts empoisonnés ne

brûlait pas sur le bûcher ! Pour reconnaître une **grossesse** on réclamait l'intervention et le jugement des spécialistes appelés « obstetrices » de profession, soit afin d'éviter d'enterrer des femmes enceintes, soit en raison des conséquences civiles d'une dissolution du mariage. Toutefois en ce qui concerne l'interven-tion du médecin au tribunal dans les questions de blessures, d'homicides et d'avortements etc. ; la loi qui aurait requis et utilisé un jugement technique est plutôt supposée que démontrée.

Cela tient, en fait, à ce que la médecine ne florissait guère dans la Rome antique. Ce n'était une profession honorable que pour les esclaves et les affranchis, et non pour les citoyens.

« Honesta » dit Ciceron, mais « iis quorum ordinis con-veniunt ».

On l'exerçait donc sous une forme quasi exclusivement thé-rapeutique et dans les applications hygiéniques. De cette manière, confinés dans un exercice pratique, presque empiri-que, sans école, sans hôpitaux, non seulement les médecins se sont attirés les invectives courroucées de Caton l'Ancien et les cuisantes épigrammes de Martial, mais même des médecins et des écrivains illustres comme Celse et Galien ont émis, avec leur autorité, des jugements défavorables sur les médecins professionnels. Galien lui-même, qui le premier, à Rome, a constitué la médecine en un corps de science natu-ralistique, qui a apporté une contribution personnelle et origi-nale à la physiologie et à la pathologie et dont les doctrines exercèrent une si grande influence, mais pas toujours favora-ble au développement de la médecine dans l'avenir, ne put, en ce temps là, imprimer aucune impulsion au Droit romain, qui avant lui se trouvait dans sa période la plus splen-dide. Les jugés devaient donc résoudre les questions eux-mêmes quand elles présentaient un caractère detechnique médicale ; tout au plus conmme quelques auteurs le sou-tiennent « requisitis medicorum sententiis ».

Les lois des barbares sont riches en descriptions de lésions physiques. Leur système pénal établissait une compensation matérielle et économique pour tout fait délictueux ou criminel.

La valeur des différentes parties du corps est assez diverse-ment déterminée ; par exemple aux doigts de la main était attribuée une valeur variable d'après l'importance de leur fonction : au pouce était assignée une valeur supérieure ; les dents incisives « dentes priores qui in risu apparent » sont considérées comme ayant plus de valeur que les molaires.

On concédait une protection juridique plus forte, imposant une amende un peu plus élevée pour le meurtre d'un enfant mineur au-dessous de 12 ans, et pour celui d'une femme ; mais dans ce dernier cas il y avait une atténuation, si la femme, prenant part à une rixe, s'exposait ainsi à être blessée.

Au point de vue médical, il est intéressant d'observer qu'aucune loi ne limite la protection juridique pour l'époque où la femme devient mère, en rapport avec son importante fonction biologique. La loi saxonne donnait une valeur élevée à la protection de la virginité.

Mais de belles dispositions qui reconnaissaient la faiblesse de la femme et la protégeaient se retournèrent ensuite contre elle. Ainsi en fut-il dans une des plus récentes adjonctions à la Loi Salique, quand la femme commettait un homicide.

La loi de Rotari considérait avec beaucoup de raison comme circonstance aggravante, l'épaisseur de l'os brisé, la fracture révélant naturellement la plus ou moins grande violence criminelle, et cette épaisseur était évaluée par le son que rendait l'os frappant sur l'écu à une certaine distance. « Quid ad pedes duodecim supra viam sonum in scutum facere possit ».

Pour estimer la gravité des lésions on adoptait des critères qui, aujourd'hui encore, sont appropriés : la longueur et la proportion de la blessure, l'hémorrhagie qui est la caractéristique proprement dite de la blessure « ut sanguis in terra cadet » par comparaison aux contusions et ecchymoses « ut sanguis non exeat ».

On prenait à tort pour un simple et inexpressif rapport chronologique ce qui était un rapport étiologique quand on reconnaissait que la blessure avait réellement provoqué la mort pendant l'année.

Le Droit des Francs admettait l'intervention de plusieurs agresseurs quand les blessures étaient au nombre de 3 ou plus, on admettait la graduation des responsabilités particulières et des peines en punissant plus gravement les trois premiers agresseurs du « contubernio », de peines moindres les trois suivants, et de peines encore moindres les derniers, renonçant donc à tout critère d'identification et de diagnostic.

Outre les dispositions de contenu psychologique, il faut

noter une loi suédoise de Uplando (T. IV. ch. XXIII) qui exemptait de toute peine l'agresseur, quand il procurait à la victime les soins d'un chirurgien, de telle sorte que la loi reconnaissait que cette conduite de l'agresseur, selon un judicieux critère psychologique, démontrait — comme on dirait aujourd'hui — une « périculosité » criminelle insuffisante.

Beaucoup de lois germaniques ne tenaient pas compte ou tenaient bien peu compte de l'aliénation mentale, ce qui indiquait un vrai recul relativement aux dispositions précédentes : dans l'édit de Rotari, celui qui était, comme dit la loi, « homo rabiosus aut demoniacus » était exempt de peine, mais on le traitait comme un chien enragé et on pouvait le tuer « sine culpa ».

Une erreur encore plus grave de conception c'est celle concernant le traitement des lépreux, et elle est d'un très grand intérêt documentaire. Les lépreux qui alors étaient fort nombreux et suscitaient des craintes justifiées de contagion, étaient non seulement isolés, pour protéger la communauté, mais même privés de leurs capacités civiles et ainsi frappés d'une sorte de peine, comme s'ils portaient la marque de la malédiction divine. Et le Droit allemand aggravait cette disposition en excluant de tout droit d'héritage même les nains et les estropiés, comme beaucoup plus tard les individus difformes étaient exclus, par le droit canonique, des ordres sacrés.

Le Droit pénal canonique qui est la troisième source d'où jaillit le droit italien, marque une profonde modification des critères ; car il détermine et apprécie l'acte d'après son contenu médical et psychologique : il commence bien avant l'époque à laquellle on a donné ce nom et se prolonge dans l'avenir. Une foule d'éléments psychologiques se trouvent dans les livres pénitentiels dont la criminologie moderne ne s'est pas encore assez servi, bien qu'ils démontrent combien est fécond le procédé actuel qui puise des éléments vraiment naturalistiques, dans une pénétrante exploration de la personnalité psychique. On peut dire que toutes les peines infligées étaient « médicales », revêtaient un caractère d'extraordinaire importance criminologique, étant indéterminées quant à la durée et dépendantes des possibilités d'amendement du coupable. Le juge avait aussi une grande latitude pour apprécier les modalités qui accompagnaient l'acte, et les sentiments qui avaient déterminé l'impulsion criminelle. D'autre part, la peine exigeait une participation psychique du coupable. Ainsi la prison, au lieu d'être une mesure de détention ou de procédure devenait une pénalité ; le prisonnier devait expier sa faute dans la solitude et l'oisiveté, le travail eût signifié encore une participation à la vie du « siècle » ; il était tenu à la méditation et à la mortification, au pain d'angoisse et à l'eau d'amertume « pane doloris et aqua angustiæ ».

De leur côté, les études médicales ne se développèrent que plus tard, du IXe au XIVe siècle, avec les écoles de Salerne et de Bologne. Il se forme alors graduellement une vraie doctrine médicale, qui, par l'étude de la personnalité humaine, en tous ses attributs physiques et psychiques, atteint, même dans la législation, une nouvelle et plus grande importance. Et l' « humanisme » triomphe avec la nouvelle consécration que lui donne la Renaissance. Il commence avec l'introspection « humaine » de Pétrarque, avec la vision « humaine » de Boccace, avec les études « humanistes » et du temps de Nicolas Pisano et de Giotto, dans la reproduction plastique et picturale de la personnalité humaine. Et quand, longtemps après ce mouvement, il se répand dans les lois, on peut dire que celles-ci se sont humanisées, non pas en raison d'une mitigation formelle des peines, mais en raison d'un contact plus intime entre la loi et le phénomène humain.

En même temps, comme effet parallèle des mêmes causes, cette partie de la médecine qui illustrait et appliquait dans la pratique judiciaire les éléments médicaux contenus dans la loi et qui s'appelle médecine légale s'affirma comme branche indé pendante de la science. Et, ce n'est pas sans raison qu'elle se trouve exprimée, pour la premièrs fois, de façon distincte, dans l'œuvre de Paul Zacchia, là, en Italie. où le droit avait atteint ses plus hautes et plus nobles gloires, et où la biologie eut ses premiers maîtres dans ses grands expérimentateurs.

Paul Zacchia fut un homme d'un puisssant génie et d'une telle érudition que son temps le surnomma « omniscius ». Dans son livre historique : « Questions médico-légales » (1623), il réunit une énorme quantité de notions qui révèlent véritablement, pour la première fois, cette mentalité médico-légale particulière qui tend à rapprocher dans une fervente collaboration deux types bien différents d'activité et deux attitudes mentales : la biologie et la juridique.

Il serait impossible de continuer à exposer cette influence dans le rythme accéléré des lois nouvelles; mais le traitement, par exemple, de l'avortement provoqué et de l'infanticide, démontre cette double influence, de la médecine d'abord sur l'application des régles législatives et puis sur les dispositions des lois.

En fait, les épouvantables sanctions pénales appliquées pour l'infanticide, furent aggravées par l'insuffisance technique dans la constatation de l'existence du crime. D'après la Législation Caroline (XVIe siècle), les femmes qui accouchaient en secret d'un enfant mort (art. 31) étaient suspectées de l'avoir tué. Si elles ne confessaient pas le crime, elles étaient soumises à la torture; si elles le niaient elles étaient punies de fustigation et d'exil; si elles le confessaient elles étaient condamnées à être noyées. En cas de récidive on leur torturait les chairs avec des tenailles rougies, puis elles étaient empalées ou enterrées vives. Que l'on songe à la fréquence des morts-nés dans les accouchements illégitimes et l'on peut s'imaginer le nombre d'innocentes qui ont péri de ce chef dans les tortures. Et leur nombre a dû être d'autant plus grand, que l'on manquait de tout moyen pour distinguer si le nouveau-né avait vécu et avait été tué après sa naissance, ou s'il était mort-né. Enfin heureusement qu'un modeste médecin de Zeitz, Schleier, en 1681, imagine la « docimasie hydrostatique pulmonaire » pour distinguer d'après l'examen des poumons les nouveaux-nés ceux qui avaient respiré et, par conséquent avaient vécu et ceux qui étaient morts-nés.

Les documents de l'époque rappellent la noble lutte qu'il engagea aux côtés de l'avocat Thomasius, pour la défense de deux femmes — mère et fille — accusées d'infanticide; le médecin et l'avocat, dans une généreuse coopération personnelle, symbolisèrent l'union de la médecine et de la jurisprudence, et par vinrent, après six années d'efforts, d'abord, devant la Faculté de Francfort, puis, devant celle de Wittenberg, à sauver les deux femmes qui furent absoutes en fin de compte en 1867, de l'accusation d'infanticide par suite des résultats de la docimasie. Depuis lors la preuve est entrée victorieusement dans la pratique judiciaire et, par le moyen de cette preuve, la biologie a encore une fois complété la loi pénale, l'a dirigée et en a rectifié l'application avec des résultats d'inestimable valeur sous le rapport tant juridique que moral.

Mais, le traitement pénal de l'infanticide montre encore, par un autre côté, de façon significative, l'influence de la biologie sur la législation.

L'infanticide était toujours puni de mort comme un homicide; et même souvent on aggravait la peine de mort par l'emploi de tortures particulières.

Ce fut notre grand Beccaria qui, le premier, de sa voix éloquente, demanda une mitigation de peine pour l'infanticide. Une mitigation de peine fut, en effet, accordée par la législation depuis un peu plus d'un siècle. On admit que la femme pouvait être poussée au crime par la préoccupation de défendre son propre honneur contre la honte que constitue, dans ces conditions, la naissance d'un enfant. Mais, ce motif : la défense de l'honneur n'est pas suffisant pour justifier par lui-même la mitigation de la peine ; car d'autres crimes qui seraient commis pour défendre l'honneur, ainsi le cas de suppression d'une personne dont on a à craindre les révélations compromettantes, ne pourrait cependant bénéficier de cette atténuation. Un autre élément doit donc intervenir, élément justificateur qui « exalte » spécifiquement la raison tirée de l'honneur afin de lui conférer une telle vertu d'atténuation.

Cette condition est de nature médicale : c'est l'état de faiblesse physique et dépression morale que provoque chez l'accouchée le traumatisme physique et le trouble psychique de nature émotive.

Beaucoup de législations accordent, de façon significative, cette mitigation de peine à la mère, ainsi font le Code autrichien et le Code sarde de 1859. Dans le rapport ministériel (1887) qui sert d'introduction à notre Code pénal on invoque explicitement l'état d'effarement et parfois de désespoir, qui peut être celui de la mère auteur d'un infanticide et l'extraordinaire excitation nerveuse qu'elle ressent pendant et après le travail de l'enfantement, excitation que la Cour de Cassation a, sans hésitation, comparée à une véritable infirmité mentale. Toutes conditions qui, évidemment, diminuent l'imputabilité. On admet encore une considération analogue, elle aussi de nature médicale, même quand l'auteur de l'infanticide n'est pas la mère : à savoir le trouble d'âme que peut provoquer également chez une autre personne, la vue d'un être dont l'existence accuserait un commerce illicite et menacerait du déshonneur.

Le projet de Code pénal italien de 1868 parle de « la mère qui pendant l'enfantement ou tant que dure l'état d'enfantement prive volontairement de la vie son propre enfant illégitime....»

Chose digne de remarque le Code pénal toscan commine (art. 317) une peine qui tantôt est de 10 à 15 ou de 15 à 20 ans ans suivant que l'homicide se commet avant ou après les douleurs de l'enfantement, la peine étant moindre dans ce dernier cas, à cause précisément de l'épuisement physique et moral produit par desdouleurs violentes.

Le Code zurichois est déjà explicite (paragraphes 131 et 133) : « La personne qui tue l'enfant pendant l'enfantement ou dans l'état d'excitation qui est lié à l'acte d'enfantement... »

Le Code des Pays-Bas (articles 290-292) s'exprime ainsi : «Quand il est commis sous l'impression immédiate de la crainte que l'accouchement soit découvert ».

Dans les projets de codes pénaux de langue allemande et dans les décisions de la jurisprudence allemande il est affirmé de façon explicite que « la mitigation de la peine dépend de l'appréciation, que l'on porte sur l'état d'excitation psychique dans laquelle se trouve la mère à cause de la souffrance que constituent les douleurs de l'enfantement et pour des raisons morales ».

Dans le projet de Code pénal pour la Bavière (Woechter) la punition de l'infraction d'infanticide est modifiée en raison de l'état d'accouchement, ou d'un accouchement récent. Et on ajoute : « L'acte de l'enfantement constitue un évènement entamant à ce point l'organisation entière de la femme et produisant une si violente excitation nerveuse que l'état psychologique de l'accouchée reste atteint d'un fort ébranlement générateur d'une espèce de manie qui diminue l'imputabilité ».

Enfin il est important de signaler que l'infanticide constitue un des rares cas où la loi pénale actuelle tient compte du « mobile » de l'infraction, c'est-à-dire des motifs et des conditions individuels qui ont amené le délinquant à commettre l'infraction — évaluation naturalistique fondée en raison et féconde, que l'Ecole anthropologique voudrait étendre au traitement des autres crimes : parce que les mobiles servent à éclairer le juge sur la véritable « nature » de l'accusé et sur les causes du crime lui-même et servent à guider plus utilement dans l'appréciation des catégories préétablies et des modalités des crimes.

C'est encore à la médecine qu'il faut faire honneur d'avoir traduit, en une disposition de loi, tout à la fois, les critères de nature biologique les mieux fondés, et les plus nobles raisons, apport de la civilisation.

La médecine a également exercé une influence dans le domaine d'un crime, apparenté à l'infanticide, à savoir l'avortement criminellement provoqué. Les lois antiques étaient indulgentes à l'égard de l'acte commis dans les premiers mois, car on supposait que le fœtus n'avait pas d'âme ; mais les peines qu'on commina plus tard furent très graves. La médecine, grâce aux nouvelles notions embryologiques rectifie le traitement pénal et crée un critère vraiment naturalistique. De plus, l'avortement tend à être exclu du Code pénal dans certaines conditions et, s'il y a consentement de la mère, ce n'est plus un acte que la conscience publique considère comme un délit. Ainsi en est-il advenu du suicide et de quelques délits sexuels.

La médecine est parvenue également à modifier la conception et le traitement des actes contre les bonnes mœurs et l'ordre des familles, dont certains entraînaient la peine capitale infligée avec des formes épouvantables, qui réussissaient mieux encore à couvrir d'infamie qu'à punir, parce que le ridicule en rendait plus cruelle et tragique la froide férocité.

Aujourd'hui, les peines pour ces crimes ont été mitigées et même supprimées dans certains cas ayant (comme dit notre Code) « des caractères de violences, d'injures, de fraude et de scandale. »

Il s'est donc effectué une profonde modification, même une inversion des critères juridiques et le rapport sur le Code pénal italien la justifie en disant que le « législateur ne doit pas envahir le champ de la morale. »

Mais il faut retenir que dans le même temps que cette modification de l'esprit juridique, s'opérait une transformation parallèle de la morale publique ; elle s'éclaire de plus en plus par les recherches endocrinologiques, établissant les cas d'aberrations des instincts normaux, leurs formes morbides, les maladies et les psychopathies qui ne sont pas punissables. Frapper un « malade » d'une peine infamante, alors qu'il éprouve le tourment de conscience d'être étranger à la société, cela rappelle à la négation de tous droits civils aux lépreux.

Ce n'est pas non plus par sentimentalisme que l'aliéné est devenu une conception biologique, mais parce que son anomalie a une base biologique qui le soustrait au traitement punitif.

Les lois modernes ont donc modifié les antiques dispositions concernant l'aliénation mentale et l'âge, sur la base des progrès médicaux, en adoptant la notion de « discernement » qui représente une condition typique individualisée ; et, à l'égard de l'âge sénile, on trouve des dispositions de faveur dans des lois récentes la sur condamnation conditionnelle. Pourtant, ces lois conservent encore l'ancienne conception de l'imputabilité et une nomenclature qui dérive de l'influence philosophique plus que de l'influence naturalistique.

Mais la médecine a conquis finalement sa plus grande et orgueilleuse expansion dans le projet de Code pénal qu'Enrico FERRI a composé avec une heureuse hardiesse.

Dans le droit privé, la médecine a également exercé son influence, fournissant des critères techniquement plus précis sur l'âge où l'on peut contracter mariage, ainsi que pour juger de la légitimité d'un enfant pendant la grossesse, par rapport au développement fœtal. Il y a également des critères médico-biologiques pour reconnaître la paternité, non pas par les caractères physiques de ressemblance, mais, ce qui est mieux, par les caractères inhérents à la constitution morphologique du sang. Il serait donc utile que la présomption juridique de l'article 160 du Code civil sur la légitimité de la filiation ne dut pas être considérée comme absolue et permettre certaines preuves contraires — parce que la biologie ne tolère point la rigidité de limites chronologiques qui est de nécessité dans les formules législatives.

C'est aussi une conception exclusivement médicale, d'un caractère même plus spécifiquement biologique qui a conseillé une salutaire réforme des dispositions du Code civil concernant les catastrophes, les faits de naufrage d'incendie, d'asphyxies collectives où plusieurs personnes ont trouvé la mort et alors qu'il y a doute (art. 924 Code civil) sur la question de savoir laquelle de ces personnes a succombé la première.

Le Code civil français prescrit encore un ordre dans lequel on présume la date de la mort de plusieurs personnes d'après des considérations relatives à l'âge et au sexe ; mais ces présomptions sont arbitraires. On présumait morts en premier lieu parmi des jeunes gens d'âge inférieur à 15 ans les plus âgés, et parmi des hommes d'âge supérieur à 60 ans les moins âgés ; entre 15 et 60 ans les femmes étaient considérées comme mortes avant les hommes du même âge.

La médecine a démontré le peu de fondement de ces présomptions et notre Code civil a fait sienne cette œuvre critique.

Dans le Droit civil, le médecin revendiquait une intégrale personnalité physique humaine, dans les déviations de développement physique qu'on appelle : monstre et aussi doubles monstres. Il s'agit d'individus qui naissent les corps attachés l'un à l'autre et qui peuvent vivre, et dont on a discuté sur le point de savoir s'ils avaient une ou deux personnalités humaines. Le Droit de la Rome ancienne, comme celui de notre temps, ne leur reconnaissait pas la capacité civile. Nous lisons dans le « Digeste » un fragment de Paolo qui dit : « Non sunt liberi, qui contra formam humani generis converso more procreantur : velut si mulier monstruosum aliquid, aut prodigiosum enixa est » ; et même à une époque assez récente, Taylor, dans sa *Médecine légale*, en citant Lord Coke, ajoute que ces droits doivent leur être déniés.

D'un avis opposé est Tortosa qui, se basant sur un critérium empirique et imprécis (celui de la présence d'une ou deux têtes) résolvait dans un sens biologique une question de droit canonique. Il écrivait : « Les monstres qui ont une seule tête, alors même qu'ils ont toutes les autres parties du corps en double, doivent être baptisés comme un seul être, et vice versa, les monstres qui ont deux têtes et un seul corps doivent être considérés comme étant deux et être baptisés séparément, parce que dans tous les monstres à deux têtes qui furent anatomisés on a trouvé les nerfs en double, mais en aucun cas on n'a trouvé deux cœurs, et, ainsi que le pense Hebenstreit : « duo animalia sub unico involucro subsistere videntur ». Et puis, comme la tête est le siège ordinaire de l'âme, on devait croire ce qu'il ajoutait : « duas illic esse animas diversas ubi diversa sint capita ». Ce sont au fond les mêmes arguments qu'expose Zacchia dans le livre VII, titre I, de son œuvre classique.

En réalité, les « deux parties individuelles » (comme on dit en anatomie) de ces monstres doubles ont une individualité psychologique d'un caractère nettement différent, et aujourd'hui, sous l'influence biologique on reconnaît que quiconque a la capacité de vivre, a la capacité de droit civil, et les monstres doubles vivants sont deux êtres, sujets distincts de droits.

Cette question avait une grande importance dans le droit romain, lorsqu'il était nécessaire de décider pour certaines règles de succession, si dans le nombre des enfants il fallait tenir compte des monstres.

Actuellement encore des questions juridiques se sont présentées relativement à leur double personnalité pour des crimes qu'ils ont commis et même des homicides dont ils furent victimes par suite des croyances superstitieuses qui entouraient de fabuleux leur naissance.

Qu'on se rappelle l'affaire Rose et Joséphine, devant les tribunaux français : deux sœurs, réunies partiellement en un seul corps, revendiquaient leur unique personnalité pour ne pas payer deux places en chemin de fer. Les tribunaux, s'inspirant en cette occasion des conceptions biologiques, les condamnèrent à payer deux places.

La biologie, joue également un grand rôle dans les récentes lois sociales, où elle a déterminé l'âge, les sexes, les aptitudes et la capacité physique au travail. Dans les lois sur le travail des femmes et des enfants, sur les accidents du travail, sur l'invalidité et la vieillesse, l'élément médical est vraiment fondamental et prépondérant ; et en matière d'accidents du travail agricole les médecins siègent dans les commissions arbitrales qui assistent les juges.

De même l'invalidité, qui résulte des conditions physiques individuelles et de la nature du travail, ainsi que la conception de cause « violente » en soi, qui caractérisent la différence entre l'accident et la maladie professionnelle constituent une création médico-légale typique. Les exigences des nouvelles lois ont impliqué l'examen des rapports génétiques et étiologiques entre les accidents et leurs conséquences morbides, ce qui a amené un développement considérable de l'étude de l'étiologie des maladies.

Mais, d'autre part, toutes les découvertes de la science demeureraient vaines et stériles si la médecine ne pouvait en surveiller, diriger et activer l'application pratique dans les lois qui les adoptent, comme l'a dit éloquemment STOPPATO dans le rapport du nouveau projet de procédure pénale. Il affirme « qu'il faut voir une indication infaillible de la civilisation dans la manière concrète avec laquelle est pratiquée et garantie l'application des lois ».

Or aujourd'hui l'expertise médico-légale est l'unique forme

sous laquelle un technicien peut participer à l'application des dispositions des lois empruntées à des critères techniques.

Sans doute on ne peut chercher dans ce sens seul la transformation de la législation et ce qu'il faut admettre, c'est une étroite collaboration du médecin et du juge. Ainsi, s'accomplira une œuvre fructueuse de civilisation.

C'est, en somme, ce que Cesare LOMBROSO a fait dans le domaine biologique. Il a inspiré la transformation progressive de la législation et nul mieux que lui, dans son *Anthropologie criminelle*, n'a défini la configuration biologique du criminel. Il obéit à la tradition millénaire qui, de la lointaine enfance du monde, comme dit VICO, guide la progressive transformation de la législation. Il a véritablement révélé l'homme délinquant à la justice, et lui a révélé que c'était un instrument vivant, qu'il a analysé dans ses diverses parties constituantes ; il a recherché sa genèse et l'a reconstitué dans tout son intérêt. Grâce à ses travaux, la justice humaine pourra réussir à instituer une pénalité qui sera sans douleur et « amendatrice » mais constituera une défense efficace pour la société. La Justice, dans l'iconographie du moyen âge, était représentée par une déesse, aux yeux bandés, dont le glaive frappait indifféremment le riche comme le pauvre, l'oppresseur comme la victime, le puissant comme le faible ; c'était un heureux augure et le symbole de l'impartialité dans un temps où tout effort de justice était menacé par l'arbitraire et la violence des grands. Mais aujourd'hui que les classes sociales se sont tant rapprochées, que les pouvoirs publics sont si divisés et développés, que les conditions sont modifiées et que la conscience publique est si vigilante, vibrante et ne participe plus en simple spectatrice à toute œuvre de justice et que, comme disait le grand législateur grec, tous les citoyens semblent ressentir comme un tort fait à eux-mêmes, le tort causé à un seul « d'entre eux », aujourd'hui il semble bien que le moment est venu où l'on peut arracher le bandeau symbolique des yeux de la déesse. Et grâce à l'éclatante lumière que la biologie projette sur les phénomènes humains, la déesse regarde librement : elle distingue homme par homme et frappe avec une fermeté sûre et une conscience éclairée.

Mario CARRARA,
Professeur à l'Université de Turin.